みんなで知りたい

生物多様性

③ 食べものを知ろう

企画　電通ダイバーシティ・ラボ

はじめに

食べものと生物多様性(せい)

あなたは今日、何を食べましたか？

例(たと)えば、ごはん、焼(や)き魚、豆腐(とうふ)とわかめの味噌汁(みそしる)、サラダという献立(こんだて)で考えてみましょう。

そのごはん(米)の産地(さんち)はどこでしょうか。

その魚は、どこの国で水揚(みずあ)げされ、加工(かこう)されたものでしょうか。

その豆腐(とうふ)の原材料(げんざいりょう)である大豆は、どこの国から輸入(ゆにゅう)されているでしょうか。

新鮮(しんせん)なサラダのトマトは、どこから運ばれてきたのでしょうか。

世界の海はさまざまな国の川とつながり、川は山や里の暮(く)らしとつながっています。人間や動植物は、食物連鎖(しょくもつれんさ)という命のつながりで関(かか)わりあっています。

この本では、生物多様性(せい)においてより負担(ふたん)の少ない食べものについて、一緒(いっしょ)に考えていきましょう。

2

もくじ

1 食べものと生態系

食物連鎖

食物連鎖とは、食べる・食べられるというつながりのことです。

生きものは、生態系の中の食べる・食べられるという関係でつながりあっています。植物は光合成によって有機物を作り、虫は植物を食べ、鳥は虫を食べます。草食動物は植物を食べ、肉食動物は草食動物を食べ、その死がいはバクテリアによって分解されます。

食物連鎖のイメージ

命を食べる

日本では昔から、鶏は家畜として身近な存在でした。それぞれの家の庭で鶏を飼い、産んだ卵を食べ、最後には鶏そのものも食べて暮らしてきたのです。

「いただきます」の意味は、暮らしのなかで必要な命に向き合って感謝をささげ、その命をいただくこと。それは残酷なことではなく、命の連鎖を知ることではないでしょうか。

生態系ピラミッド

国連の「世界人口白書2023」によると、世界の人口は、2022年11月15日に80億人に到達しました。人口の爆発的な増加には、世界規模での環境悪化、エネルギーや食糧の供給などに大きな課題があります。

人間は、食物連鎖（生態系ピラミッド）の頂点にいると言われます。
1巻でもお伝えしたように、約1万年前、地球上の動物は、1％の人間と99%の野生動物という割合でしたが、現在は、32%の人間と1％の野生動物という割合です。残りの67%は家畜、つまり人間が食べたりするために存在する動物です。

生きものの偏りがある現状を、食べものと生態系のバランスを持続的なものにするという点からも、見直すことが大切ではないでしょうか。

出典：UNFPA「世界人口白書2023」
　　　　POPULATION MATTERS

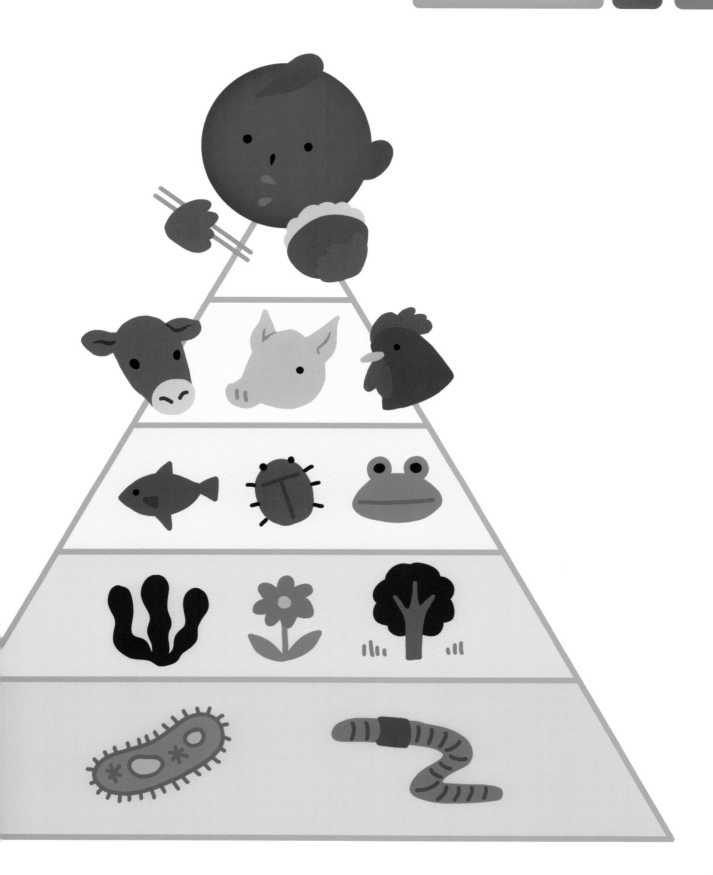

海・川・山の恵み

植物は、太陽エネルギーを利用した光合成によって有機物（ブドウ糖やデンプンなどの炭水化物）を作ります。陸の木や草花だけでなく、海の藻や海草、植物性プランクトンも植物です。

動物は自分で有機物を作ることができないので、植物を食べることで有機物を栄養分として吸収してエネルギーに変えます。落ち葉や動物のふん、死がいはバクテリアによって分解され、植物の栄養分となります。

海と陸の光合成

二酸化炭素

海の食物連鎖

植物はエネルギー源となる有機物を生み出す「生産者」、動物はその植物を食べる「消費者」、
バクテリアなどはその動物のふんや死がいを食べて分解する「分解者」と呼ばれます。このように、
自然界の生きものは循環して生きています。

海や山だけでなく、身近な川や池、町や庭先の地面でも、生態系の恵みは循環しているのです。

参照：農林水産省ホームページ

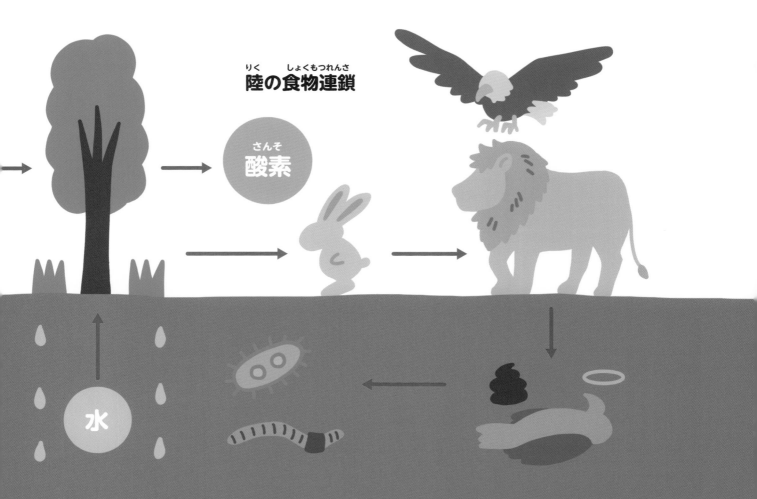

陸の食物連鎖

酸素

水

海の恵み

あなたは、魚をよく食べますか？
世界的に水産資源である魚を獲る量が急に増えたり、汚染などにより海洋環境が悪化したりしています。四方を海に囲まれ、多くの水産資源を利用する日本においても、海の恵みを持続的に確保することは大きな課題です。

国連のSDGs（持続可能な開発目標：Sustainable Development Goals）の第14目標のテーマは、「海の豊かさを守ろう」です。

海洋ごみ

海洋ごみ（漂流・漂着・海底ごみ）は、生態系を含めた海洋環境の悪化や海岸機能の低下、景観への悪影響、船舶航行の障害、漁業や観光への影響など、さまざまな問題を引き起こしています。

日本の海岸にも多くの流木やごみが流れ着いています。外国から流れ着くごみだけでなくわたしたちが日々排出するごみも海岸に流れ着いています。

海洋に流れ出るごみの削減に向けた取り組みを進めるためには、どうすればよいでしょうか。

出典：環境省「令和 2 年版環境・循環型社会・生物多様性白書」

海洋プラスチックごみ

海洋プラスチックごみ問題が国際的に大きな注目を集めています。 日本でも、さまざまなプラスチック製品を使用しているため、食品産業でもその対策に取り組む必要があります。

近年、マイクロプラスチック（直径 5mm 以下の微細なプラスチックごみ）による海洋生態系への影響が心配されています。1950 年代以降に生産されたプラスチック類は 83 億 t を超え、63 億 t がごみとして廃棄されたとの報告や、毎年約 800 万 t のプラスチックごみが海洋に流出しているとの試算があります。

2050 年には海洋中のプラスチックごみの総重量が海にいる魚の総重量を超えるという試算もあります。

出典：環境省「令和元年版環境・循環型社会・生物多様性白書」

陸の恵み

あなたは山登りや森林浴をしたことがありますか？

森林には、雨水を地中にためてからゆっくり地下水として流すことで洪水や渇水を防ぐだけでなく、おいしい水を作り出す「水源涵養」と呼ばれる働きがあります。また、二酸化炭素の吸収に大きな役割を果たしています。農林漁業や食品産業の持続性にとって、森林はとても重要なのです。

国連の SDGs（持続可能な開発目標：Sustainable Development Goals）の第15目標のテーマは、「陸の豊かさも守ろう」です。

考えてみよう

森林の減少

国際連合食糧農業機関（FAO）の「世界森林資源評価2020」に よると、2020年の世界の森林面積 は 約41億haであり、世界の陸地面積の 31%を占めています。

世界の森林は、陸上の生物種の少なくとも 8 割の生育・生息の場になっていると考えられています。

出典：林野庁「令和 4 年度 森林・林業白書 全文」

世界の森林面積は、アフリカ、南アメリカなどの熱帯林を中心に減り続けています。森林減少は、人口増加やそれにともなう森林の農地などへの転用などがおもな原因と言われています。森林を守るために、人間活動で見直せることはなんでしょうか。

2 地産地消と旬産旬消
ちさんちしょう　しゅんさんしゅんしょう

地産地消とは
ちさんちしょう

今やどこにいても、日本全国だけでなく世界中の食べものを食べることは、難しいことではありません。しかし、遠くから食べ物を運ぶためには、自動車や飛行機などのコストもかかりますし、輸送中の排出ガスなども増えます。また、いつどこでどんな人が作ったものか、すぐにはわからないこともあります。

地産地消とは、その地域で生産された農林水産物をその地域で消費することです。「より安全で安心な食べもの」のため、生産者、生産者と消費者をつなぐ人、消費者を結びつける多くの取り組みが実施されています。

その土地でその季節にとれた食べもので、しかも生産者の顔や名前もわかっているなら、安心しておいしく食べられそうですね。

その地域で
作って
その地域で
食べる

地産地消には、生産者、生産者と消費者をつなぐ人、消費者それぞれの立場で、次のようなメリットがあると考えられます。

生産者

・地域の消費者ニーズをとらえた生産
・流通経費の節減
・直接販売で少量産品・規格外作物も販売可能
・消費者の反応が直接届く　など

生産者と消費者をつなぐ人

・学校 給食 で食育
・スーパーマーケットで地場コーナー
・飲食店、旅館で地場食材メニュー
・食品製造業者の流通経費、環境への負担を減らす　など

消費者

・身近な場所からの新鮮な農産物
・生産状況などがわかって安心
・食と農、食文化に関心が持てる
・環境にやさしい生活につながる　など

出典：農林水産省東海農政局ホームページ

旬産旬消とは
（しゅんさんしゅんしょう）

「旬の食べもの」はおいしいと言われます。四季のはっきりした日本では、季節ごとの豊かな旬の食材がたくさん作られてきました。旬の食材の多くは安価で、栄養価が高く、季節ごとの体調を整える成分も含まれていると言われます。**旬産旬消とは、旬の食材を旬の時期に食べることです。**

例えば、春キャベツのビタミンUやビタミンCは胃腸を整え、免疫力を高めます。夏のトマトはリコピンで日差しによる酸化を防ぎ、水分も多く渇きをいやしてくれます。秋のサツマイモは食物繊維が豊富で、整腸作用があります。大根や白菜などの冬野菜は糖分を多く含み、血行を促進して体温を保つのに役立ちます。

今はハウス栽培などで、季節を問わずに食べられる食べものも増えました。けれども、季節ごとの食べものを味わうことは、環境や生物多様性の点からも大切な気づきがあるのではないでしょうか。

旬の食べものはおいしい

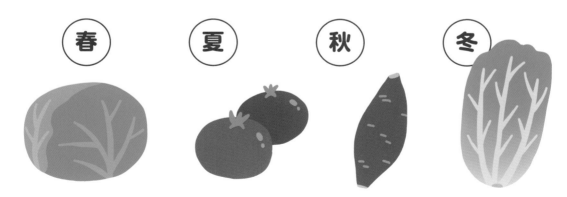

春　夏　秋　冬

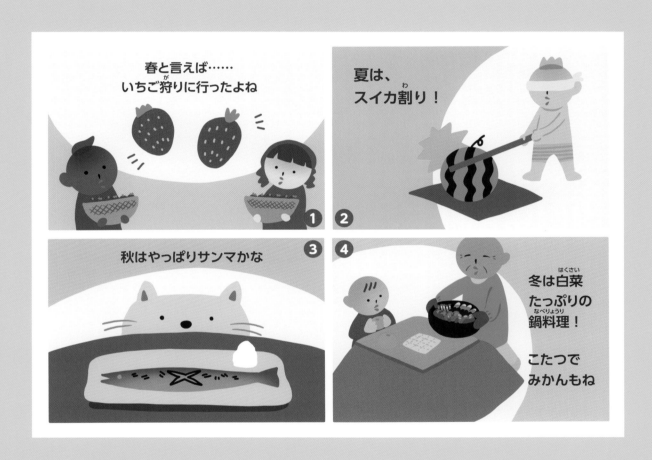

日本の郷土料理

日本には全国各地にその土地ごとの郷土料理や旬の食べものがあります。地産地消は、生産地での消費を生み出すだけではなく、それぞれの地域での生産者と消費者のつながりを作ることも目的とされています。旬産旬消は、地産地消との組み合わせによってより取り組みが進められるでしょう。

地元の食べもの、旬の食べものは、各地の郷土料理としてその土地の風土に合った食生活となり、歴史や文化として受け継がれてきました。沖縄県のゴーヤチャンプルー、三重県のたこめしなど、多くの郷土料理があります。

その地域の旬の食べものを食べることは、それぞれの地域の生物多様性や環境を守ることにもつながっているのではないでしょうか。

調べてみよう

100年フード

100年フードとは、日本各地で世代を超えて受け継がれてきた多様な食文化を文化庁が認定するものです。2021年に初めて食文化の募集を行い、131件を認定。2022年は70件を認定しています。秋田県のきりたんぽ、愛知県の五平餅など、有名な郷土料理が多く認定されています。

あなたの地域にはどんな100年フードがあるか、調べてみましょう。

出典：文化庁「食文化あふれる国・日本」

農林漁業の現在

海や陸の恵み、地域や旬の食べものについて、環境や生物多様性に配慮したさまざまな取り組みが行われています。一方、それぞれの生産者の生産量には限界もあり、大規模な流通システムと比べてコストや労働力などの課題もあります。

海や陸の自然の恵み（生態系サービス）は、地域独自の景観や文化だけでなく、食べものという農林水産物を生み出します。生物多様性を守り、自然の恵みを持続的に利用することは、農林漁業の発展につながるため、農林水産省は生物多様性戦略を取り決め、生物多様性を保全しています。

出典：農林水産省ホームページ

ほたての貝殻がワクワクするものに変身

青森県陸奥湾では、年間約8万 t のほたてを養殖しています。そこから排出されるほたての貝殻は年間約5万 t で、それらは産業廃棄物として処理されています。

食べた後の貝殻などが積もってできた遺跡である「貝塚」という言葉もあるように、貝殻は年月がたっても分解されにくいため、自然の中での循環を作ることは簡単ではありません。

CYAN（シアン）は、ほたての養殖や加工を行う株式会社山神が、廃棄される貝殻を使って作った、爪や肌にやさしい水性ネイルです。廃棄される予定だったものが、地球にもわたしたちにもやさしいネイルになるのは、なんだかワクワクしますね。

ほたて養殖の様子　　　**ほたての貝殻を使った水性ネイル**

出典・写真提供：CYAN

3 食の サステナビリティ

食のサステナビリティ

食のサステナビリティとは、食べものにまつわる持続可能性のことです。
食べものそのものだけでなく、生産から消費まで、食を取り巻くあらゆる段階でのサステナビリティが注目されています。

例えば、食品ロス（本来食べられるのに捨てられてしまう食べもの）は、毎日世界中で大量に発生しています。原因はひとつではありませんが、一方で飢餓や食べものの安定供給の危機などがあるなか、大きな課題と言えます。

「自然の恵み」としての食は、海や陸の環境や生態系を守るため、陸上養殖の研究や海や陸のエコラベル*での認定などが進められています。
*製品やサービスが環境に配慮されたものであることを示す認証マーク

生物多様性のなかでの「命」でもある食べものを、これからも持続的に守るためにできることはなんでしょうか。

食品ロス

本来食べられるにもかかわらず捨てられてしまう食べもののことを、食品ロスと言います。

農林水産省・環境省「令和3年度推計」によると、日本の食品ロス量は年間523万tで、毎日大型トラック（10t車）約1433台分の食料を廃棄しています。小売店や飲食店などの事業系は279万tで、おもに規格外品、返品、売れ残り、食べ残しなどです。家庭系は244万tで、おもに食べ残し、手つかずの食品（直接廃棄）、皮のむきすぎ（過剰除去）などが発生要因です。これは、日本人ひとり当たり、毎日お茶碗1杯分（約114g）を捨てている計算です。

また、世界の食品ロスは年間約13億tで、人の消費のために生産された食料のおおよそ3分の1を廃棄しています。
出典：消費者庁ホームページ

大量生産や輸入の後の食品ロスは、もったいないだけでなく、コストの無駄や廃棄時の環境負荷など多くの課題があります。

調べてみよう

コンポスト

コンポストとは、家庭から出る野菜くずや食べものの生ごみや落ち葉などの有機物を、微生物の力で発酵・分解させて、堆肥を作ることです。

自然界で落ち葉から土が作られるように、ごみとして捨てられるはずだった食べものが堆肥になり、野菜などの食べものへ生まれ変わることから、循環型社会への取り組みとして注目されています。

バケツや段ボールなどを使って、手軽に始められるコンポストもあります。自治体や企業の事例、あなたの家で今日から始められるやり方を調べてみましょう。

陸上養殖
りくじょうようしょく

海にはたくさんの魚介類がいて、いつまでも水産資源として利用できると思われてきました。しかし近年、海洋汚染や乱獲によって、安定した漁獲量を保つことが難しくなってきました。

そこで、人の手で魚を卵から稚魚になるまで育ててから自然の海へ放流する栽培漁業や、人が食べる大きさまでいけすや水槽で育てる養殖漁業が行われています。ブリや真鯛、トラフグやウナギから、貝類、海藻類まで、さまざまな魚介類が海面や湖面で養殖されています。

陸上養殖とは、食のサステナビリティのための取り組みです。その名の通り、陸上に設置したプールや水槽で魚介類を養殖します。海上養殖のように餌による水質汚染や、天然の海水・湖水からのウイルス侵入のリスクも少ないため、企業や研究機関の取り組みが進んでいます。

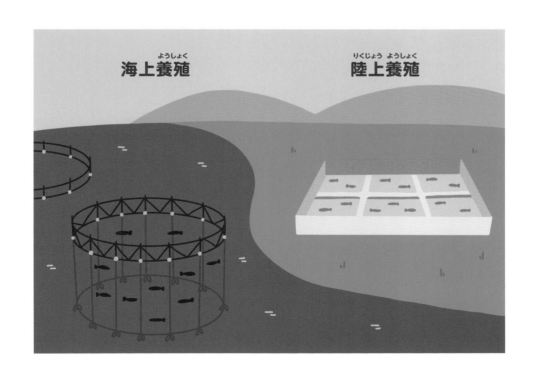

スマート陸上養殖

陸上養殖は、場所を選ばずどこででも魚介類を育てることができるため、土地の有効活用も期待されています。

リージョナルフィッシュ株式会社は、最新テクノロジーで「スマート陸上養殖」に取り組んでいます。自動もしくは遠隔操作で飼育環境の最適化や餌やり・清掃を行うシステムを開発し、さらにろ過技術や水槽設計により飼育環境を維持して、エネルギーコストの削減を目指しています。

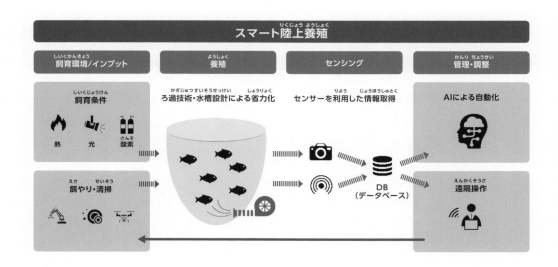

さらに、ゲノム編集技術の活用により餌の量が少なくても育つ魚の開発や、太陽光発電などのクリーンエネルギーと組み合わせるなど、持続可能な水産養殖業への取り組みを進めています。

出典：リージョナルフィッシュ株式会社

他にも多くの企業で、陸上養殖の分野での研究や事業化が進んでいます。

海のエコラベル

食のサステナビリティにはさまざまな認証制度があります。認証された食品を選ぶことは、環境を守る選択のひとつです。

MEL（マリン・エコラベル・ジャパン：Marine Eco-Label Japan、略称メル）認証は、日本発の水産エコラベル認証です。水産資源の持続性と環境に配慮している漁業・養殖業の事業者、流通・加工事業者が対象です。

MEL 認証のマーク

他にも、英国発の MSC 認証（海のエコラベル、持続可能な領域で獲られた水産物）、オランダ発の ASC 認証（責任ある養殖により生産された水産物）などの水産エコラベル認証があります。

出典：マリン・エコラベル・ジャパン協議会
環境省「令和4年版 環境白書・循環型社会白書・生物多様性白書（概要）」

持続可能な代替食

MSC*認証は、厳格な MSC 認証規格を満たし、持続可能で適切な管理を行っていると認証された漁業で獲られた水産品の証です。

＊Marine Stewardship Council: 海洋管理協議会。持続可能で適切に管理された漁業の普及に努める国際非営利団体。

カネテツデリカフーズ株式会社のカニ風味かまぼこ「レンジでだいたいガニ　MSC」は、カニではなく、MSC 認証のアラスカ産スケソウダラを 100% 使用しています。

人と環境の持続的なあり方を問い続けながら、海の恵みを食卓に届ける取り組みと言えるでしょう。

MSC 認証のマーク

きれいな海を守りたい

参照・写真提供：カネテツデリカフーズ株式会社

陸のエコラベル

毎日大量に廃棄されるペットボトルがプラスチックごみとなり、大きな環境問題を引き起こしています。ペットボトルに代わる素材のひとつとして、紙パックがあります。テトラパックは、学校給食の牛乳パックとしておなじみでした。テトラパックの紙容器は全て森林保護を目的としたFSC®*（Forest Stewardship Council®：森林管理協議会）認証です。

他にも、百貨店などの紙袋、紙ストロー、コピー用紙、トイレットペーパーなどにもFSC®認証のついたものがあります。

FSC® 認証のマーク

＊FSC®（Forest Stewardship Council®：森林管理協議会）は、森林減少など世界の森林が抱える問題や市民の環境意識の高まりを背景として、責任ある森林管理と林産物の利用を普及するために1994年に設立された国際的な非営利組織です。環境、社会、経済分野の世界中の利害関係者の意見を集めて作られた、森林認証制度を運営しています。

出典：環境省「環境ラベル等データベース」

Forest Stewardship Council Japan

パーム油と森林

パーム油は、アブラヤシの果実から作られる世界で一番多く使われている植物油です。スーパーに並ぶ商品の約半分に含まれていると言われ、パンや、ポテトチップスなどの加工食品にも多く含まれています。食品への利用が全体の8割を占めますが、他にも、食器・洗濯・掃除用の洗剤やシャンプーにも使用され、石けんには主成分として含まれています。また近年、国内ではバイオマス燃料（動植物を原料とする燃料）としてパーム油を利用する事例も増えています。

しかし、急速なアブラヤシ農園の拡大と不適切な農園経営などにより、環境や地域社会に問題が生じてきています。

RSPO (Roundtable on Sustainable Palm Oil：持続可能なパーム油のための円卓会議) は、生産者、販売者、環境保護 NGO、投資家など、パーム油に関わる7つの関係者によって構成される非営利組織です。RSPO 認証は、持続可能なパーム油市場のために生まれました。

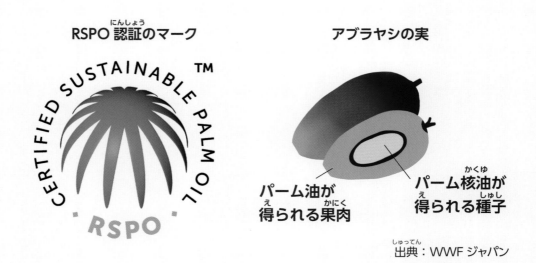

RSPO 認証のマーク

CERTIFIED SUSTAINABLE PALM OIL™
RSPO

アブラヤシの実

パーム油が
得られる果肉

パーム核油が
得られる種子

出典：WWF ジャパン
RSPO

食べものと生態系の課題ってなんだろう

地産地消と旬産旬消ってなんだろう

食のサステナビリティってなんだろう

この本では、おもに 3 つの点について、一緒に考えてきました。

1
食物連鎖とは、食べる、食べられるという生態系の中の生きものの
つながりのことです。人間は生態系ピラミッドの頂点にいると言われ
ますが、このままでは持続可能なバランスを保つことは難しいです。
その課題解決は、海の豊かさや陸の豊かさを守ろうという SDGs の
目標でもあります。

2
その地域で生産された食べものをその地域で食べる地産地消、旬の食
べものを旬の時期に食べる旬産旬消は、日本全国の豊かな郷土料理
を見直すことにもつながります。農林漁業の課題を知り、生物多様性
を踏まえたアイデアで持続的に解決していくことが望まれます。

3
食のサステナビリティとは、食べものにまつわるさまざまな持続可能性
のことです。食品ロスは大きな課題のひとつです。陸上養殖や、海や
陸のエコラベルは、食のサステナビリティを進める取り組みです。

あなたが毎日食べる食べものはどれも、生物多様性の恵みと言えます。食と生物多様性の関係を知り、
食べものの選び方、食べ方、廃棄の仕方など、今日からできることを考えてみましょう。

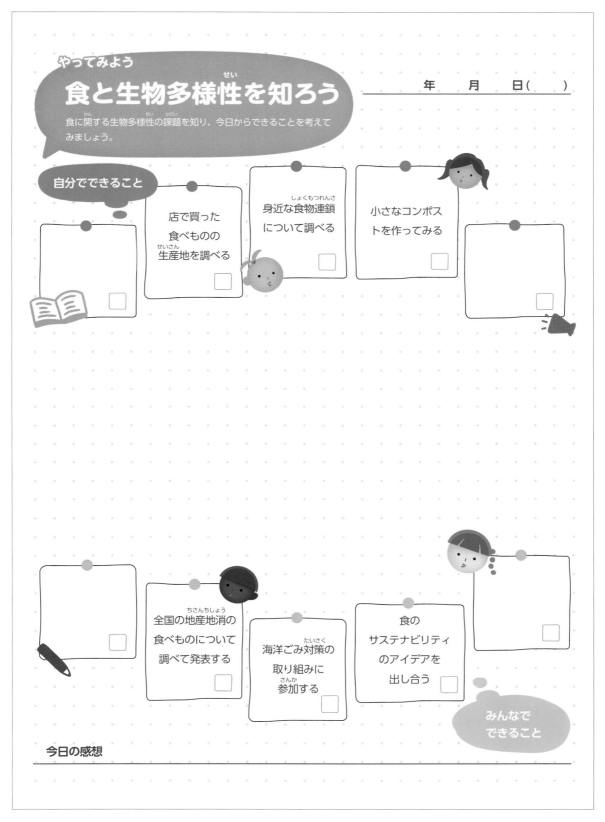

やってみよう

食と生物多様性を知ろう

食に関する生物多様性の課題を知り、今日からできることを考えてみましょう。

年　　月　　日（　　）

自分でできること

店で買った
食べものの
生産地を調べる

身近な食物連鎖
について調べる

小さなコンポスト
を作ってみる

全国の地産地消の
食べものについて
調べて発表する

海洋ごみ対策の
取り組みに
参加する

食の
サステナビリティ
のアイデアを
出し合う

みんなで
できること

今日の感想

やってみよう のワークシートが
ダウンロードできるよ！

さくいん

参考文献・データ

・UNFPA「世界人口白書 2023」https://tokyo.unfpa.org/ja/SWOP

・POPULATION MATTERS　https://populationmatters.org/biodiversity/

・農林水産省　関東農政局「農を科学してみよう」https://www.maff.go.jp/kanto/nouson/sekkei/kagaku/index.html

　　　　　　　東海農政局「地産地消の推進」　https://www.maff.go.jp/tokai/keiei/shokuhin/chisan/index.html

　　　　　　　「生物多様性の保全・再生」https://www.maff.go.jp/j/kanbo/kankyo/seisaku/c_bd/tayousei.html

・環境省「令和2年版環境・循環型社会・生物多様性白書」https://www.env.go.jp/policy/hakusyo/r02/index.html

　　　　　「令和元年版環境・循環型社会・生物多様性白書（概要）」https://www.env.go.jp/content/900496734.pdf

　　　　　「令和4年版 環境白書・循環型社会白書・生物多様性白書（概要）」https://www.env.go.jp/content/000053130.pdf

　　　　　「環境ラベル等データベース」　https://www.env.go.jp/policy/hozen/green/ecolabel/a04_14.html

・林野庁「令和 4 年度 森林・林業白書 全文」https://www.rinya.maff.go.jp/j/kikaku/hakusyo/r4hakusyo/zenbun.html

・文化庁「食文化あふれる国・日本」https://foodculture2021.go.jp/

・CYAN　https://cyan-shell.shop/

・消費者庁「食品ロスって何?」https://www.no-foodloss.caa.go.jp/whats.html

・リージョナルフィッシュ株式会社　https://regional.fish/farming/

・マリン・エコラベル・ジャパン協議会　https://www.melj.jp/

・カネテツデリカフーズ株式会社　https://www.kanetetsu.com/

・Forest Stewardship Council Japan　https://jp.fsc.org/jp-ja

・WWF ジャパン　https://www.wwf.or.jp/

・RSPO　https://rspo.org/ja/

企画 電通ダイバーシティ・ラボ
増山晶、半澤絵里奈、岸本かほり

株式会社電通でダイバーシティ&インクルージョン領域の調査・分析、ソリューション開発を専門とする組織。2012 年、2015 年、2018 年、2020 年、2023 年と「LGBT 調査（2020 年より LGBTQ+ 調査に改称）」を実施中。共著に『みんなで知りたい LGBTQ+』全 5 巻（2022）文研出版、『みんなで知りたいダイバーシティ』全 5 巻（2023）文研出版、『図解ポケット ビジネスパーソンが知っておきたい LGBTQ+ の基礎知識』（2022）秀和システムなどがある。

協力 電通 Team SDGs
田中理絵

株式会社電通でステークホルダーの SDGs への取り組みをサポートするプロジェクトチーム。

デザイン・イラスト STUDIO HOLIDAY
堀内弘誓、安藤きり、今村昼寝、阪沙樹

写真提供 CYAN
カネテツデリカフーズ株式会社

みんなで知りたい生物多様性
❸ 食べものを知ろう

2024 年 7 月 30 日　第 1 刷発行

企画　電通ダイバーシティ・ラボ
協力　電通 Team SDGs
発行者　佐藤諭史
発行所　文研出版
　〒113-0023　東京都文京区向丘 2 丁目 3 番 10 号
　〒543-0052　大阪市天王寺区大道 4 丁目 3 番 25 号
　代表（06）6779-1531　児童書お問い合わせ（03）3814-5187
　https://www.shinko-keirin.co.jp/
印刷所／製本所　株式会社太洋社

◦ みんなで知りたい

生物多様性 全5巻

❶ 生物多様性を知ろう
❷ 着るものを選ぼう
❸ 食べものを知ろう
❹ 住むところを考えよう
❺ 生物多様性と未来

ISBN978-4-580-88772-5

この本は、だれもが読みやすくするために、本文で UD フォントを使用しています。UD フォントはユニバーサルデザインの視点でつくられています。

ISBN978-4-580-82630-4
C8336 / NDC336　40P　26.4cm × 21.7cm